다양해서 더 좋은
다문화사회

이완 글 | 전지은 그림

내 친구의 책

시작하면서

우리는 학교, 놀이터, 학원 등 곳곳에서 다른 나라에서 온 사람들을 쉽게 만날 수 있어요. 하지만 너무 낯설어서 이들과 어떻게 함께 지내야 할지 모르는 경우가 많아요. 이렇게 다른 나라에서 온 사람들을 '이주민'이라고 부르고 이제는 우리나라도 많은 이주민이 함께 사는 '다문화사회'가 되었어요. 그렇다면 어떻게 해야 다문화사회에서 다양성을 즐기며 함께 행복하고 신나게 살 수 있을까요?

꿈을 찾아 다른 나라로 가는 것은 매우 멋진 일이에요. 하지만 때로는 전쟁이나 재난을 피해 어쩔 수 없이 살던 곳을 떠나야 할 때도 있어요. 그러기 위해서는 언제나 큰 용기가 필요해요. 한국인들도 용기를 내어 다른 나라로 많이 떠났고, 또 멀리서 찾아온 수백만 명의 사람들과 이곳에서 함께하고 있어요.

새로운 사람을 만난다는 것은 그 사람이 가지고 있는 모든 이야기와 색다른 문화를 만나는 일이기도 해요. 한편으로는 어색하고 두렵기도 하지요.

하지만 생각해 봐요. 본래 세상은 낯선 것 투성이였어요. 우리는 세상에 태어난 이후 줄곧 새로운 것을 만나왔어요. 세상은 온통 서로 다른 다양함으로 가득 차 있어요. 사람만이 아니라 동물, 식물도 마찬가지예요. 우리가 먹는 음식, 노래, 춤, 영화, 모든 것도 서로 다른 것이 모여 함께 조화를 이루며 새로운 것을 만들어 가고 있지요.

이 책에서는 이주민과 다문화사회 그리고 다양성에 대해 살펴볼 거예요. 우리가 새롭게 만나게 된 사람들이 누구인지, 어떻게 이곳에 오게 되었는지, 어떻게 같이 지내야 할지 그리고 왜 우리에게 다정함과 환대의 마음이 필요한지 두 눈을 동그랗게 뜨고 함께 알아봐요.

이완

차례

❶ 살던 곳을 떠나 꿈을 찾아가는 사람들

우리는 모두 이주민의 후손이야 • 10

우리가 몰랐던 우리 주변의 이주노동자들 • 19

서로 다른 문화를 가진 사람들이 한 가족으로 • 24

난민은 누구일까? • 31

함께 생각해 봐요! • 41

❷ 다양성을 만들어 가는 다문화사회

다문화사회에서 좋은 친구, 좋은 시민 되기 • 44

모두가 다른 것은 당연해 • 53

다양하면 즐겁고 신나는 일이 많아 • 62

함께 생각해 봐요! • 71

❸ 차별을 넘어서 친구로

장난이라고? 아니야, 차별이야 • 74

왜 오해가 생기는 걸까? • 80

함께 노력하고 서로 배려해요 • 91

함께 생각해 봐요! • 103

1
살던 곳을 떠나 꿈을 찾아가는 사람들

우리는 모두
이주민의 후손이야

우리는 어디서 왔을까?

우리는 모두 이주민의 자손이에요. 이주민은 누구일까요? 이주민은 자신이 원래 살던 곳을 떠나 다른 곳에서 사는 사람을 말해요. 한 나라 안에서 이동한 사람은 '국내 이주민'이라고 하고, 본래 살던 나라를 떠나 다른 나라로 가는 경우는 '국제 이주민'이라고 하지요.

사람은 계속해서 더 나은 삶을 위해 사는 곳을 옮길 수 있어요. 이것은 매우 자연스러운 일이에요. 여러분은 지금 살고 있는 곳에서 어떻게 살게 되었는지 알고 있나요? 태어나서부터 쭉 살고 있다고요? 그렇다면 어머니와 아버지, 할아버지 할머니는요? 할아버지의 할아버지, 할머니의 할머니는 어디에서 왔을까요?

이렇게 꼬리에 꼬리를 무는 질문을 하다 보면, 우리는 모두 어딘가에서 온 이주민의 후손이란 것을 알 수 있어요. 인류의 조상은 아프리카에서 시작해서 전 세계로 퍼져나갔다고 해요. 결국 지구에 살고 있는 사람들 대부분은 이주민의 자손이라는 말이지요.

새로운 곳을 여행하는 것을 좋아하나요? 여행이 끝나면 다시 집으로 돌아오지요. 하지만 익숙한 곳을 떠나 낯선 곳으로 이주하는 건 여행처럼 쉽지 않아요. 정든 고향과 친구, 때로는 소중한 가족과 헤어져야 할 수 있거든요. 언어, 기후, 음식 등 익숙했던 모든 것들이 달라진 새로운 곳에 적응하는 일은 힘들 수 있어요. 그렇지만 사람들은 용감한 도전을 멈추지 않았어요. ==멸종된 생물과 달리 인류가 지금까지 살아남은 것은, 새로운 곳을 찾아 떠나고 모험하고 적응하는 일을 쉼 없이 계속해 왔기 때문이에요.==

누구나 이주민이 될 수 있어

이주민은 따로 정해져 있거나, 특별한 사람이 아니에요. 누구나 이주민이 될 수 있어요. 그렇다면 사람들은 왜 자신이 살던 곳을 떠나 다른 곳에서 살게 되는 걸까요?

사람들이 사는 곳을 옮기는 이유는 매우 다양해요. 크게 두 가지로 나누어 생각해 볼 수 있어요.

기후 난민

지구가 점점 더 뜨거워지고 있다는 이야기를 들어 보았지요? 지구온난화로 전 세계적으로 기온이 높아지고 있어요. 지구온난화는 홍수나 태풍, 가뭄 등 많은 자연재해를 일으켜요.

북극과 남극의 빙하가 빠르게 녹고 이 때문에 바닷물의 양이 많아지면 태평양의 섬나라 '키리바시'나 '투발루'처럼 국토가 사라지기도 해요. 바닷물의 높이가 계속 올라가서 사람들이 살던 땅이 물에 잠겨버리는 거죠. 이처럼 사람들이 살아가는 자연환경이 바뀌면 많은 이주민이 생겨나요. 이들을 '기후 난민'이라고 해요.

첫 번째는 더 나은 기회, 꿈과 희망, 사랑을 찾아 떠나는 거예요. 직장 때문에 또는 공부를 하려고, 때로는 사랑하는 사람과 가족을 이루고 함께 살기 위해서 떠나죠. 왜냐고요? 더 나은 환경에서 살고 싶기 때문이에요.

우리가 알고 있는 아이돌 그룹의 외국인 멤버를 생각해 보세요. 이들도 멋진 가수가 되기 위해 꿈을 찾아서 우리나라로 온 거예요. 고향과 가족을 떠나 한국에서 꿈을 향해 나아가고 있는 거죠.

원래 살던 나라에서는 자신이 원하는 직장을 구할 수 없거나 다른 나라에서 더 좋은 일자리를 찾기 위해서일 수도 있어요. 사용하는 언어도 다르고 모든 것이 낯설어 힘들더라도 자신의 꿈을 이루기 위해서 말이에요. 또 한국인과 결혼하거나, 한국의 학교에서 공부하기 위해 그리고 직장에서 일하거나, 특별한 기술을 배우기 위해 한국에 온 사람도 많아요.

두 번째는 가슴 아픈 이유 때문이에요. 불행하게도 지금 살고 있는 곳에 전쟁이 나거나 지진이나 홍수, 해일, 화산 폭발 같은 심각한 재난이 생겨 더 이상 살 수 없기 때문이지요. 이럴 경우 어쩔 수 없이 고향을 떠나야만 해요.

또 괴롭힘을 당하는 경우도 있어요. 나쁜 정치인이나 군인들 때문에 또는 남과 다른 생각과 종교를 가졌다는 이유로 잡혀가거나 힘든 일을 겪어야 한다면 그곳에서 살 수 없어요. 자신과 가족의 삶이 안전하지 않고, 그 고통이 금방 끝나지 않는다면 무섭고 끔찍할 거예요. 그래서 살기 위해 어쩔 수 없이 이주를 하기도 한답니다.

식물도 이주해요

식물도 사는 곳을 옮겨요. 원래 살던 곳에서 퍼져 나가는 거죠. 우리나라의 아름다운 꽃 중에도 다른 곳에서 온 것들이 많아요. 채송화는 남아메리카의 브라질, 국화는 중국, 봉선화는 인도와 동남아시아에서 왔어요.
어디에서 왔는지가 중요한가요? 그렇지 않아요. 중요한 건 지금 함께 살아가는 꽃이라는 것이죠. 사람도 마찬가지 아닐까요? 어디에서 왔든 함께 사는 소중한 친구, 이웃, 동료랍니다.

우리나라에는 얼마나 많은 이주민이 있을까?

전 세계에는 자신이 살던 나라를 떠나 다른 곳에 사는 이주민이 2억 5천만 명이 넘는다고 해요. 이 중에는 어린이도 4천만 명이나 되고요. 그렇다면 우리나라에는 얼마나 많은 이주민이 살고 있을까요? 우리나라에는 약 190개 나라에서 온 260만 명의 이주민이 있어요. 이주민의 숫자는 점점 늘고 있지요.

그렇다면 해외에서 살고 있는 우리 동포의 수는 얼마나 될

까요? '동포'는 해외에 살고 있는 우리나라 사람이나 우리 민족을 가리키는 말이에요. 지금은 한국인이 아니지만 한국인이었던 사람의 자손도 동포라고 하지요. 현재 해외에 살고 있는 우리나라의 동포는 700만 명이 넘어요. 우리나라에도 많은 이주민이 살고 있지만 해외에 살고 있는 우리 동포도 정말 많지요.

　우리나라는 지난 역사에서 많은 어려움을 겪었어요. 일본의 식민 지배를 겪었고, 6·25전쟁이 일어나 모든 것이 파괴되기도

했지요. 그 과정에서 많은 사람들이 어쩔 수 없이 다른 나라로 떠나게 되었어요. 현재 일본, 중국, 중앙아시아의 여러 나라, 미국과 유럽, 남미 등에 많은 해외 동포가 살고 있어요.

우리가 몰랐던 우리 주변의 이주노동자들

이주노동자는 어떤 사람일까?

이주민 중에서 직장이나 일 때문에 이주하는 사람을 '이주노동자'라고 불러요. 1970년대 우리나라는 독일로 광부나 간호사를 보냈어요. 1980년대에는 중동 지역으로 일하러 떠났던 사람도 많았어요. 요즘에는 더 다양한 이유로 많은 사람들이 해외에서 일하고 있지요. 이제 전 세계에서 한국인이 없는 나라는 찾기 어려워요. 가족이나 친척 중에도 해외에 사는 사람들이 한두 명쯤 있을 거예요.

어떤 사회든지, 사람들이 사회 곳곳에서 필요한 일을 해야 사회가 안정적으로 움직일 수 있어요. 하지만 우리나라는 지금 일할 사람이 부족해요. 그래서 다른 나라 사람들에게 우리나라에 와서 일해 달라고 계속 요청하고 있지요. 고맙게도 많은 사람이 와주었고 이주노동자는 우리나라 곳곳에서 우리와 함께 일하고 있어요. 이주노동자는 정말 고마운 사람들이에요.

이주노동자는 어떤 일을 할까?

　이주노동자는 매우 다양한 일을 해요. 학교나 학원에서 언어를 가르치기도 하고 음식점에서 그 나라 음식을 만들기도 해요. 회사에서 일하거나 공장에서 물건을 만들고 조선소에서 커다란 배를 함께 만들기도 하지요.

　이주노동자는 우리가 좋아하는 케이팝 스타 중에도 있고, 프로 축구, 야구, 농구에서도 외국에서 온 선수들이 활약하는 모습을 볼 수 있지요. 손흥민, 이강인 선수처럼 해외에서 활약하는 사람은 그 나라의 이주노동자예요.

　농촌이나 어촌에서도 이주노동자가 필요해요. 사람들이 점점 도시로 떠나면서 일손이 크게 부족해졌거든요. 현재 가까운 바다에서 물고기를 잡는 배의 선원은 40% 이상, 먼바다에 나가서 참치 등을 잡는 원양 어선의 선원은 80%가 이주노동자예요.

　이렇게 이주노동자는 우리나라에서 많은 일을 맡아 하고 있어요. 그러니까 우리가 매일 먹는 식탁 위의 고기, 생선, 채소와 과일에도, 우리를 편리하게 해 주는 여러 물건에도 이주노동자의 땀과 정성이 담겨 있는 거예요.

서로 다른 문화를 가진 사람들이 한 가족으로

국경 넘어 사랑을 찾아가는 국제결혼

만약 어느 날 사랑에 빠졌는데, 서로 사는 곳이 아주 멀다면 어떻게 해야 할까요? 당연히 사랑하는 사람과는 함께 있고 싶을 거예요. 그렇다면 소중한 사랑을 지키기 위해 다른 나라로 옮겨가야 하겠지요.

서로 다른 나라 사람과 결혼하는 것을 '국제결혼'이라고 해요. 국제결혼으로 다른 나라에 온 사람들을 '국제결혼 이주민' 또는 '결혼이주민'이라고 부르지요. 그리고 국제결혼으로 이루

교훈
서로돕는
어린이
급훈
이해하고
존중하자
전 학
에밀리
강도윤
안녕!
Hello!

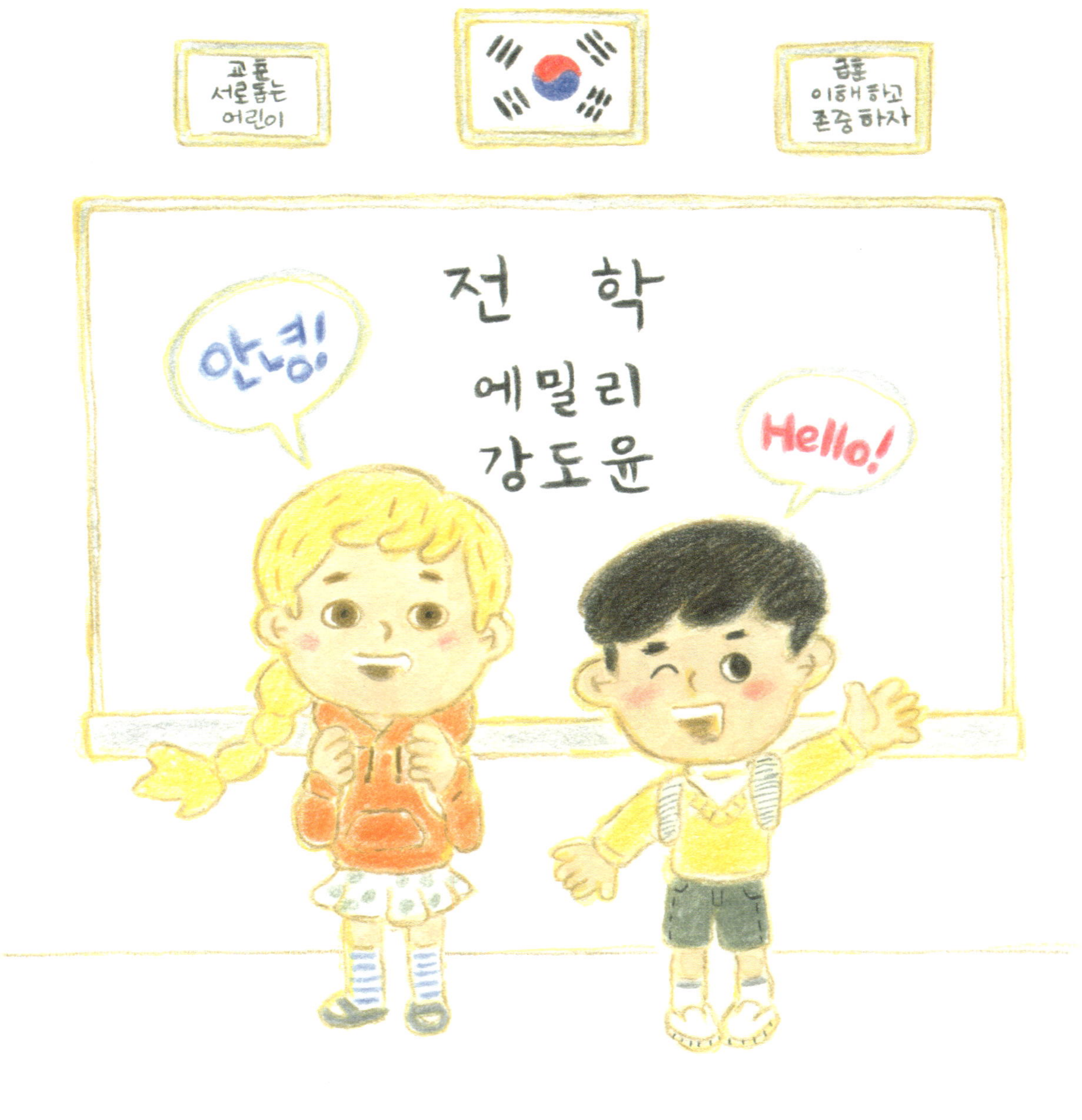

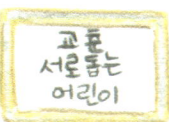

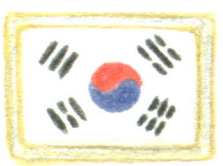

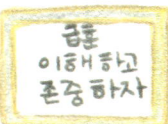

어진 가족을 '국제결혼 가족'이라고 해요.

비행기는 세계 여러 나라를 빠르게 연결해 줘요. 비행기 덕분에 나라와 나라 사이의 교류는 더욱 활발해졌어요. 그래서 전 세계의 국제결혼도 점점 늘어나고 있어요.

물론 우리나라도 예외가 아니죠. 그렇다면 국제결혼을 한 사람은 얼마나 될까요? 2023년 한 해 동안 우리나라 사람과 외국인이 결혼한 경우는 전체 결혼의 약 10%였어요. 부부 열 쌍 중 한 쌍은 국제결혼을 한 거죠. 이제 국제결혼은 매우 흔한 일이 되었어요.

다문화가족이 무슨 말일까?

'다문화가족'이란 서로 다른 여러 문화가 한 가족 안에 함께 있는 것을 말해요. 우리나라에서는 국제결혼을 통해 이루어진 가족을 '다문화가족'이라고 해요.

그런데 본래 '다문화'는 여러 문화가 함께 공존한다는 의미이지, 사람을 가리키는 단어는 아니에요. 그러니까 다문화가족을 '다문화'라고 부르는 건 매우 예의가 없는 행동이에요. 그 말을 듣는 사람에게 상처를 주는 것이니까요. 누군가를 구분해서 부르는 말은 그 사람에게 상처가 될 수 있어요. 중요한 것은 태어난 곳이 어딘지, 살아온 곳이 어디인지가 아니에요. 모두가 친구, 이웃이라는 마음이 중요하지요.

여러 나라의 문화가 함께 있는 가족

엄마와 아빠가 서로 다른 문화를 가진 가족이라면 아이들은 어떻게 커갈까요? 아이들은 다양한 문화를 어릴 때부터 경험할 수 있을 거예요. 다양한 문화를 접한다는 것은 매우 큰 장점이 될 수 있어요. 어렸을 때의 경험으로 어른이 된 뒤에도 어떤 문화든 잘 이해하고 처음 접하는 문화에도 쉽게 적응할 수 있을 테니까요. 이런 친구가 옆에 있다면 정말 재미있을 거예요.

우리는 한국에서 태어나 계속 한국에서 자랐기 때문에 한국어도 잘하고 한국문화에도 익숙해요. 하지만 부모님 모두가 한국인이어도, 해외에서 태어나고 자랐다면, 한국어와 한국문

화가 익숙하지 않을 수 있어요.

　부모님이 어떤 나라 사람이고, 어디서 태어나 자랐는지가 모든 것을 결정하지는 않아요. 우리가 어떤 문화에 익숙하고 즐거워하는 사람인지, 무엇을 경험하고 누구와 함께하며 살아왔는지가 중요하지요.

　혹시 친구나 이웃이 낯선 문화로 어려움을 겪고 있다면 친절하게 알려 주고 도와주세요. 그리고 다른 문화도 소개받아 함께 즐겨 보세요. 각자 가진 다양한 문화를 함께 나누면 더 신나고 행복한 세상을 만들 수 있어요. 우리가 어디에서 왔든지 말이에요.

난민은 누구일까?

어려움을 겪고 고향을 떠나는 사람들

위대한 과학자 아인슈타인, 색채의 마술사로 불리는 샤갈, 《레미제라블》을 쓴 소설가 빅토르 위고를 알고 있나요? 이 세 사람은 공통점이 있는데 바로 모두 난민이었다는 거예요.

그러면 난민이란 어떤 사람일까요? 사람은 살면서 누구나 어려운 일을 겪을 수 있어요. 불행하게도 내가 살고 있는 곳에 전쟁이 일어나거나 홍수나 가뭄 같은 자연재해가 생길 수도 있지요. 어떤 나라에서는 정치나 종교적인 이유로 사람들을 끔찍

하게 괴롭히기도 해요. 나와 다른 생각을 가졌다는 이유로 또는 다른 종교를 가졌다는 이유로 못살게 굴거나 심지어 감옥에 가두기도 하거든요. 이런 일이 벌어지면 더 이상 견디지 못하고, 살던 곳을 떠나야 할 수도 있어요. 고향을 등지고 가족이나 소중한 사람들과도 헤어져야 하지요.

이렇게 인종이나 종교 또는 정치적 박해 때문에 자기 나라의 보호를 받을 수 없고, 전쟁이나 자연재해 때문에 자기 나라로 돌아갈 수 없는 사람들을 '난민'이라고 해요.

슬픈 어린이, 알란 쿠르디

쿠르디는 2012년 중동 지역의 시리아에서 태어났어요. 하지만 쿠르디와 가족은 시리아에서 살 수 없었어요. 큰 전쟁이 벌어졌기 때문이에요. 쿠르디는 3살이 되던 2015년에 부모님과 함께 집을 떠나야 했지요.

쿠르디와 가족은 가진 것도 없고 누구의 보호도 받지 못했지요. 쿠르디의 가족을 포함해서 23명의 사람들은 목숨을 걸고 유럽으로 가는 작은 보트에 올라탔어요. 하지만 넓은 바다를 건너기에는 보트가 너무 작았어요. 바다를 건너던 보트는 그만 뒤집혔고 사람들은

쿠르디의 죽음을 기억하기 위해 그려진 독일 프랑크푸르트의 벽화
ⓒFrank C. Müller

바다에 빠지고 말았어요.
쿠르디는 다음 날 튀르키예의 어느 해변가 모래 위에서 숨진 채 발견되었어요. 이 사고로 쿠르디의 엄마와 5살인 형을 포함해 14명이 목숨을 잃었어요.
해변가에 혼자 누워 숨을 거둔 쿠르디의 모습을 찍은 사진 덕분에 전 세계 사람들은 이 사건을 알게 되었어요. 사람들은 슬퍼하며 분노했지요. 만약 이들을 따뜻한 마음으로 받아들여 주는 나라가 있었다면, 이런 비참한 죽음은 없었을 거예요. 이 비극적인 사건 이후로 많은 나라가 조금 더 난민에게 문을 열고 그들을 받아들일 수 있도록 노력하고 있어요.

난민은 전 세계적으로 약 1억 1,000만 명이 넘는다고 해요. 우리나라의 인구가 대략 5,100만 명 정도이니까, 두 배가 넘지요. 정말 엄청나게 많은 수예요. 이렇게 어마어마한 사람들이 어쩔 수 없이 고향을 떠난 거예요.

지금 우리나라에도 전쟁이나 재난 등을 피해 온 난민들이 살고 있어요. 다른 종교를 가졌다는 이유로 괴롭힘을 당한 방글라데시의 줌마족, 전쟁을 피해 온 시리아 사람들, 나쁜 군인들을 피해 온 미얀마 사람들이 있어요.

그리고 점점 더 많은 사람들이 우리나라에 찾아와 도움을 요청하고 있어요. 우리나라 정부에서 인정한 난민은 1,544명이에요(2024년 말 기준). 하지만 난민으로 받아들여 달라고 요청한 사람은 그보다 훨씬 많지요.

누가 난민이 되는 걸까?

이 세상에 난민이 되기를 원하는 사람은 없어요. 그러나 누구나 난민이 될 수 있어요. 힘들고 어려운 일은 사람을 가리며 생기지 않기 때문이에요. 만약 여러분이 혼자 해결할 수 없는 어려운 일이 생기면, 당연히 주변 사람의 도움을 간절히 바랄 거예요. 어려운 일이 생기면 서로 돕는 것이 매우 당연하고 자연스러운 일이니까요.

난민은 특별한 사람이 아니에요. 우리 모두는 난민의 후손이기도 해요. 인류의 조상이 세계 곳곳으로 이동해 왔으니까요. 한국인의 조상은 왜 지금 이곳으로 오게 되었을까요? 아마도 본래 살던 곳에서 여러 어려움을 겪으며, 더 나은 곳을 찾아 이동하다가 오게 되었을 거예요. 그러니 어떤 면에서 보면 우리 모두는 난민의 후손이에요.

해외에 흩어져 살아야 했던 우리 동포들도 난민이었어요. 일본의 지배와 전쟁, 굶주림을 피해서 살길을 찾아 떠났던 사람들이지요. 이렇게 떠난 우리 동포들은 아주 열심히 일했지만 모든 것이 낯선 곳에서는 다른 사람의 도움이 꼭 필요했어요. 이때 정말 많은 사람이 어려움에 처한 우리 동포들을 도와주었지요. 이들의 도움이 없었다면 그곳에 쉽게 정착할 수는 없었을 거예요.

우리나라가 과거에는 무척 가난했지만, 이제는 경제적으로 크게 성장했고 세계에서 손꼽힐 만큼 잘 사는 나라가 되었지요. 이제는 다른 나라가 도와달라고 할 만큼 힘도 생겼어요. 그래서 세계 여러 곳의 사람들이 우리나라를 찾아와 도와달라고 하거나 보호를 요청하고 있어요.

그리고 우리나라도 난민을 돕겠다고 전 세계에 약속했어요. 그 약속이 바로 '난민협약'에 가입한 거예요. '협약'이란 여러 나

라에게 어떤 내용을 지키겠다고 약속했다는 뜻이에요. '난민협약'은 어려운 난민들을 받아들이고 함께 잘 살 수 있도록 보호하고 돕겠다는 약속이지요.

난민을 돕는 곳은 어디일까?

난민은 집을 떠나 다른 곳으로 가면서 많은 위험을 겪어요. 자신이 살던 곳의 보호를 받을 수 없고, 새롭게 가려고 하는 곳에서는 받아 주지 않기 때문이죠. 심지어 이런 난민의 상황을 돕기는커녕, 속이고 이용하는 나쁜 사람들도 있어요. 여러 가지 어려움을 뚫고 안전한 나라에 도착했다 해도, 환영받지 못할 때가 많아요. 초대한 적이 없는데 갑자기 찾아왔다는 이유로, 돌아가라고 화를 내는 사람도 있거든요.

그래서 전 세계의 많은 사람들이 난민을 돕기 위해 노력하고 있어요. 대표적인 곳이 '유엔난민기구'예요. 유엔(UN)은 세계 곳곳의 어려운 일을 의논하고 해결하기 위해 전 세계 국가들이 모여서 함께 일하는 곳이에요.

그중 유엔난민기구는 전 세계의 난민을 위해 일하는 곳이지요. 도움이 필요한 난민에게 잘 곳과 먹을 것을 주고, 다친 곳을 치료해 주고, 아이들이 나이에 맞는 교육을 받을 수 있도록 도와주지요. 생명의 위협으로부터 보호하고 더 안전한 곳으로 갈 수 있도록 힘을 보태 줘요. 그리고 다시 힘을 내어 살아갈 수 있도록, 필요한 여러 가지 도움을 주지요.

우리나라에는 '난민인권센터'와 같이 시민들이 만든 단체도 있어요. 우리나라를 찾아온 난민들이 다시 살아갈 힘을 얻고 이곳에서 잘 지낼 수 있도록 돕고 아픈 마음도 위로해 주는 곳이에요.

① 여러분은 어떻게 지금 그곳에 살게 되었나요? 부모님에게 물어 보세요.

② 부모님과 할아버지와 할머니, 증조할아버지와 증조할머니는 어떤 이주 과정을 거쳐 왔나요?

③ 꿈을 이루기 위해, 여러분은 20년 후 어디에서 무엇을 하며 살고 있을까요?

④ 지금까지 만나본 이주노동자는 누구이고 어떤 일을 하고 있었나요?

⑤ 가족 안에 여러 나라의 문화가 함께 있다면 어떤 장점이 있을까요?

2 다양성을 만들어 가는 다문화 사회

다문화사회에서 좋은 친구, 좋은 시민 되기

다문화사회는 언제부터 시작되었을까?

사람은 각자 자신이 속한 곳에 따라 다른 문화를 가지고 있어요. 예를 들면 일본에는 차를 마시는 '다도'라는 문화가 있고, 인도에는 오른손으로만 음식을 먹는 문화가 있으며, 미국에는 팁 문화가 있고, 핀란드에는 사우나 문화가 있어요.

이처럼 민족이나 지역 그리고 나라별로 각자 다른 문화를 가지고 있지요. 서로 다른 문화를 가진 사람들이 함께 사는 사회를 '다문화사회'라고 해요.

15개 언어로 씌어 있는 인도의 지폐

우리나라처럼 하나의 언어를 사용하는 나라도 있지만, 여러 종류의 언어를 쓰는 나라도 있어요. 인도에는 셀 수 없이 많은 민족이 있어요. 그래서 수백 개 이상의 서로 다른 언어가 있어요. 그중 1만 명 이상이 쓰는 언어만 122개나 될 정도예요. 인도 전체를 놓고 보면 힌디어를 많이 사용하지만, 인도는 공식 언어만 무려 22개예요. 이렇게 언어가 많다 보니, 나라에서 사용하는 공식 문서에는 여러 언어를 함께 쓰게 되어 있지요. 그래서 인도 지폐를 보면 15개의 서로 다른 언어로 적혀 있어요.

인도만큼은 아니지만, 여러 언어를 함께 쓰는 나라는 많아요. 스위스는 독일어, 프랑스어, 이탈리아어, 로만슈어 등 4가지가 공식 언어이고, 볼리비아는 37개의 공식 언어가 있어요. 싱가포르는 영어, 말레이어, 중국어, 타밀어 등 4개가 공식 언어예요.

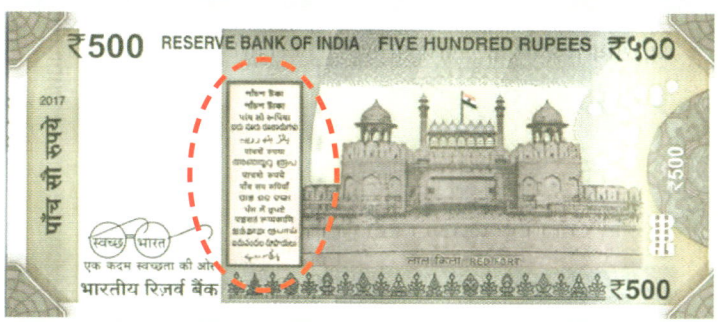

공용어인 15가지 언어가 적혀 있는 인도의 500루피 지폐

아시아의 인도, 미얀마, 필리핀처럼 까마득한 옛날부터 이미 다양한 문화를 가진 사람들이 함께 섞여 살고 있는 나라도 있고 미국, 캐나다, 오스트레일리아처럼 다문화사회가 된 지 그리 오래되지 않은 나라도 있어요. 역사가 오래되었든 아니든 모두 다문화사회예요.

미국, 캐나다, 오스트레일리아는 1700년대부터 유럽 사람들이 이주하며 새롭게 만들어진 나라예요. 본래 그곳에 살던 원주민과 새롭게 이주해 간 다양한 국적의 사람들이 섞여 살며 다문화사회가 되었어요. 영국과 프랑스 같은 나라는 인구가 줄어들면서 다른 나라 사람의 도움이 필요했고 많은 이주노동자가 일하러 와서 정착하면서 더욱 다양한 사람들이 함께 사는 사회가 되었어요.

이와 달리 인도, 네팔, 필리핀, 미얀마 등은 수십 개가 넘는 민족이 오래전부터 함께 살고 있는 나라예요. 다문화사회의 사람들은 자신이 가진 고유의 문화를 지키기도 하고 나누기도 하며 새로운 문화를 만들어 왔어요.

우리나라는 단일민족일까?

단일민족은 어떤 곳에 사는 사람들이 하나의 민족으로만 이루어졌다는 말이에요. 예전에는 우리나라를 단일민족 국가라고 부르기도 했어요. 그러나 요즘은 그렇게 말하지 않아요. 사실이 아니거든요.

베트남에서 온 왕자

지금부터 약 800년 전 베트남에는 '리왕조'라는 왕가가 있었어요. 리왕조의 왕자였던 '이용상'은 어느 날 목숨이 위험해졌어요. 그를 죽이려는 사람들이 있었거든요. 1226년 이용상은 가족을 이끌고 베트남을 도망쳐 나왔어요. 그리고 먼 항해 끝에 고려에 도착했어요. 고려 땅에 오자마자 이용상의 일행은 도적떼에 쫓기고 있던 가여운 고려 사람들을 발견했어요. 이용상 왕자는 용맹하게 도적들을 물리치고 사람들을 구해 주었어요.

이 소식을 전해 들은 고려의 왕은 이들을 화산군(현재의 북한 황해도 화산군)에 살도록 허락해 주었어요. 그래서 베트남 왕자는 우리나라 '화산 이씨'의 조상이 되었지요. 지금도 베트남에서는 '화산 이씨'를 왕족의 후손으로 대접한다고 해요.

우리나라 땅에도 오래전부터 여러 민족이 함께 살아왔어요. 역사적으로 알려진 사례만 해도 정말 많아요. 우리 역사 속에는 그 증거가 곳곳에 남아 있지요. 그중 하나가 바로, 우리 조상이 누구인지 알 수 있는 '성씨'예요. 성씨의 앞에 유래된 지역의 이름을 붙여 구분하는데 같은 성씨여도 유래된 지역이 다

아랍계 위구르족 호위무사

1275년 고려의 충렬왕은 중국의 공주와 결혼하기로 했어요. 결혼식을 위해 중국에서부터 고려까지 공주가 안전할 수 있도록 호위무사들이 함께 왔지요.

이 호위무사 중 한 명이 남아서 계속 고려에 살게 되었어요. 이 사람은 이름을 '장순룡'으로 바꾸고, 현재 '덕수 장씨'의 조상이 되었지요. 장순룡은 본래 현재 중국 서쪽의 신장 자치구 출신의 위구르 민족이었어요. 위구르족은 튀르크계 민족 중 하나로 아랍계 사람들이지요.

덕수 장씨의 자손들은 그 후 경기도 부천으로 이사를 와서 모여 살았어요. 현재 부천시에는 이들이 살았던 동네 이름을 따서, '장말로'라는 이름의 길이 남아 있어요.

르면 다른 조상의 자손이죠. 예를 들어 같은 '이' 씨 성을 가지고 있다고 해도 전주 이씨, 경주 이씨, 연안 이씨, 우봉 이씨 등이 있잖아요?

'화산 이씨', '정선 이씨'를 만든 조상은 베트남에서 온 사람들이었어요. '덕수 장씨'는 아라비아, '연안 인씨'는 몽골, '경주 설씨'는 여진, '아산 장씨'는 중국에서 온 사람들이 조상이라고 해요. 우리나라에도 이렇게 오랫동안 여러 곳에서 많은 사람이 들어와 함께 살았답니다.

다문화사회에서 필요한 건 뭘까?

다문화사회가 되면서, 사람들은 자신과 다른 생활 습관, 언어, 음식 등과 같은 문화를 만나게 되었어요. 서로 다른 점이 있으면 때로는 오해가 생기기도 하고, 불편할 수도 있어요. 이럴 때 우리에게 필요한 건 특별히 멋진 마음이에요. 그건 바로 '배려와 존중의 따뜻한 마음'이에요.

배려하고 존중하는 마음을 가지려면 어떻게 해야 할까요?

==먼저 '우리는 모두 다를 수 있다'라고 생각을 정하는 거예요. 이렇게 생각을 정하고 나면, 나와 다른 것을 만났을 때 싫거나 무섭지 않을 수 있어요.==

그다음은 우리가 서로 어떻게 다른지 관심을 가지고 알아보는 거예요. 경험하고, 배워서 알고 나면 진심으로 이해하고 공감할 수 있거든요.

맛있는 음식을 예로 들어 볼까요? 우리는 쌀로 밥을 만들어 먹어요. 그런데 쌀을 주식으로 먹는 나라라고 해도 모두 똑같은 종류의 쌀을 먹지는 않아요. 인도, 네팔, 태국, 베트남, 필리핀, 미얀마 등에서 먹는 쌀은 우리나라와 달라요. 우리 쌀보다 찰기는 적고 길죽하고 가볍지요. 처음 먹으면 깜짝 놀랄 수 있어요. 그리고 쌀밥이 아니라 밀가루로 반죽을 만들어 빵을 만들어 먹거나 옥수수를 주식으로 먹는 나라도 있어요. 이처럼 음식 하나만 보더라도 문화 차이가 있지요.

종교에 따라 먹는 음식이 다를 수도 있어요. 우리가 사는 세상에는 불교, 기독교, 천주교, 이슬람교 등 여러 가지 종교가 있어요. 그리고 종교마다 금지된 음식이 정해져 있어요. 이슬람교에서는 돼지고기를 먹지 않아요. 힌두교에서는 소고기를 먹지 않고 유대교에서는 오징어, 문어, 장어와 같이 지느러미나 비늘 없는 생선과 돼지고기를 먹지 않아요.

    종교마다 다른 음식 문화가 있는 것은 그 종교가 출발했던 지역의 환경과 관련이 있어요. 예를 들어 날씨가 계속 더운 지방에서는 기름기가 많은 돼지고기가 빨리 상하기 때문에 먹는 것을 금지했다고 해요.

    이처럼 각자 자라온 환경에 따라 음식 문화에도 차이가 있을 수 있어요. 그런데 다른 문화를 가진 친구에게 학교 급식으로 나오는 모든 음식을 골고루 먹어야 한다고 하면 어떨까요? 밀가루를 주식으로 먹는 나라의 친구에게 "밀가루 음식은 건강에 해로우니 밥을 먹어야 해."라고 말하면요? 또는 돼지고기를 먹지 않는 이슬람교를 믿는 친구에게 돼지고기 반찬을 주거나, 힌두교를 믿는 친구에게 소고기를 먹으라고 할 수 있을까요? 우리는 서로의 문화 차이를 이해하고 배려해야 해요. 이해와 배려는 모두 함께 살아가기 위해 꼭 필요한 마음과 태도거든요.

모두가 다른 것은 당연해

지구는 둥글다

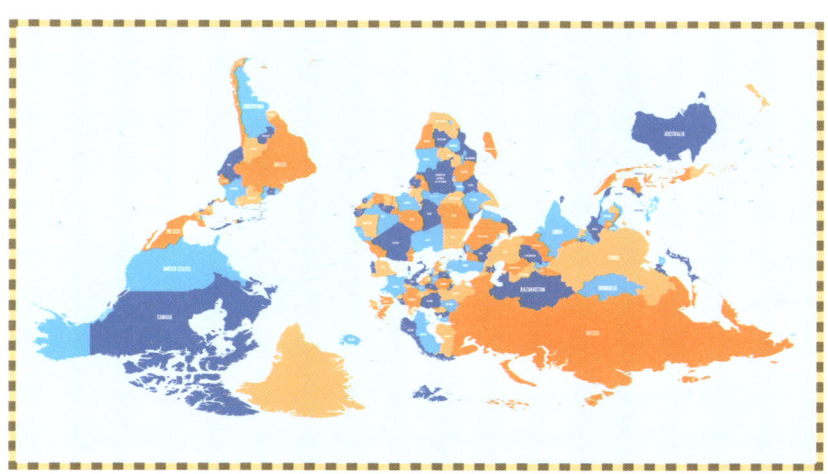

이런 세계지도를 본 적이 있나요? 지도가 거꾸로 된 것 같아 많이 놀랐나요? 이 지도는 흔히 보는 세계지도와 좀 다르지요. 잘못 그린 것이 아니에요. 익숙하지 않다고 해서 틀린 것은 아니니까요. 지구의 남쪽에 사는 사람들에게는 세상이 이렇게 보인다고 해요.

우리는 늘 북쪽이 위에 있는 세계지도만 보며 살아왔어요. 그래서 이런 지도가 익숙하지 않은 것뿐이에요. 그러나 사실 북

쪽이 위에 있다는 것은, 지구를 북쪽과 남쪽 절반으로 나누었을 때 북쪽에 사는 사람들에게만 해당해요. 지구의 남쪽에 살고 있는 사람들은 머리 위에 남극이 있으니, 자신들을 중심으로 보면 남쪽이 위에 있게 되지요. 지구는 둥그니까요.

사람들은 자신이 서 있는 곳을 중심으로 세상을 보는 게 익숙해요. 그래서 그렇게 세계지도를 만들어 왔어요.

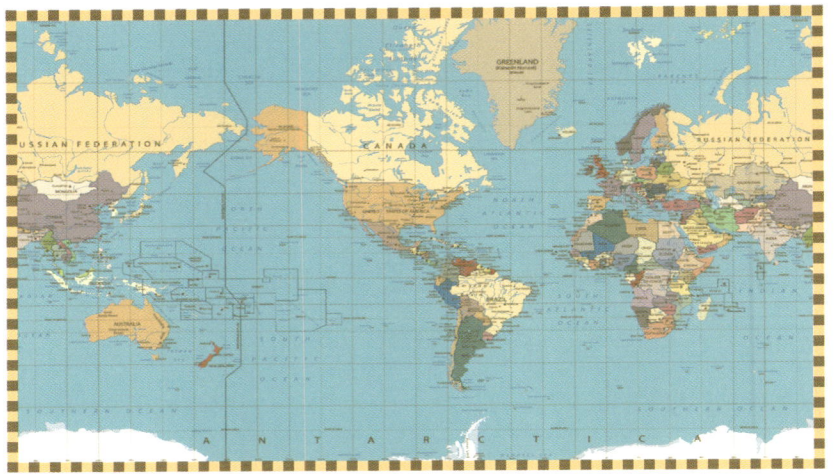
아메리카에서 사용하는 지도

유럽과 아프리카에서 사용하는 지도

이번에는 또 다른 나라에서 사용하는 세계지도를 살펴볼까요? 위의 지도는 미국, 브라질 등 아메리카에서 쓰는 세계지도이고 아래 지도는 유럽과 아프리카에서 쓰는 세계지도예요. 이들은 서로 다른 지구에 살고 있는 걸까요? 물론 그렇지는 않아요. 지구는 그대로 있고 단지 어느 나라를 중심에 둔 지도냐 하는 차이일 뿐이지요.

서로 다른 세계지도처럼, 사람들은 자신이 살던 곳의 문화와 생각에 따라, 같은 문화라고 해도 다르게 받아들일 수 있어요. 이건 '틀린' 것이 아니라 '다른' 거예요. 예를 들어 그리스에서는 손바닥을 펴서 상대방에게 보이는 행동이 모욕적인 것으로 생각되지만 미국에서는 보통의 인사 방법이거든요. 그렇기에 우리는 상대방을 오해하기 전에 그 사람이 나와 다른 문화를 가지고 있지 않은지 먼저 생각해 봐야 해요.

'틀리다'와 '다르다'

서로의 문화에 대한 차이, 생각의 차이는 틀린 것이 아니라 다른 거예요. 이 두 가지는 매우 달라요. 시험문제에는 정답이 정해져 있죠? 정답이 정해져 있는 것은 '맞다', '틀리다'로 표현해요.

그렇다면 '다르다'는 뭘까요? 생각이나 마음, 좋아하는 것처럼, 정답이 없는 것이 똑같지 않을 때 '다르다'라고 표현해요. 사람은 모두 달라요. 생각도, 키와 얼굴 생김새도, 좋아하는 음악과 음식도 달라요. 이렇게 서로 같지 않을 때는 '다르다'라고 표현해야 해요.

그런데 우리는 종종, 서로 다른 모습과 생각을 '틀리다'라고

잘못 말하거나 생각하기도 해요. '틀리다'라고 말하면, 내가 올바르고 상대방은 틀렸다는 말이 될 수 있어요. 우리는 모두 다르고, 다른 것이 당연하지요.

따라서 서로의 차이를 나는 맞고 너는 '틀리다'라고 말할 게 아니라, '다른 것'이라고 생각하고 존중해야 해요. 내가 흰색을 좋아하고, 친구

는 파란색을 좋아한다면 그건 좋아하는 색이 서로 다른 것이지, 친구가 나와 틀린 색을 좋아하는 게 아니에요.

사람마다 무엇을 더 좋아하고 좋아하지 않는지는 정답이 없으니까요. 많은 사람이 좋아한다고 해서 훌륭한 문화인 것도 아니고, 몇몇 사람들만 좋아한다고 해서 부족한 문화는 아니에요. 그저 누군가가 '사랑하는 문화'인 것이죠.

똑같지 않아 다행이야

만약 세상이 온통 똑같은 것으로 가득 차 있다면 어떨까요? 모두의 생각이 똑같아서 의견을 다툴 필요가 없으니 정말 평화로울까요? 어떤 것도 선택할 필요가 없으니 고민이 없어 좋을까요?

아침에 학교에 갈 때 옷을 고를 필요도 없어요. 항상 같은 옷을 입으니까요. 모두 똑같은 모습을 하고, 똑같은 옷을 입고, 똑같이 생각하고 행동해요. 모두 똑같으니 이름도 필요 없지요. 구분할 필요가 없거든요. 모여서 회의할 필요도 없어요. 모두 생각이 같으니까요. 간식 메뉴를 고를 때 고민 하지 않아도 되지요. 한 가지 음식만 시키면 되니까요.

어떤 생각이 드나요? 세상이 똑같지 않아서 정말 다행인가요? 사실 한 사람, 한 사람은 모두 달라요. 세상 누구와도 다르지요. 가끔 외모나 생각이 비슷한 사람은 있지만 일부분일 뿐이에요. 쌍둥이라고 해도 완전히 똑같지는 않지요. 사람은 하나뿐인 존재라 특별한 '나'가 되는 거예요.

사람은 각자 그 자체로 귀해요. 유일한 하나이기 때문이에요. 만약 어떤 물건이 세상에 너무나 흔하고 많다면 그 물건을 귀하다고 생각할 수 없겠죠? 사람도 마찬가지예요. 사람은 모두 다른 환경에서 자랐어요. 형제자매라고 해도 부모님에게 물려받은 유전자는 서로 다르죠. 이렇게 서로 다른 우리는 모두 아주 소중해요.

그리고 기억해야 해요. "내가 소중한 것과 마찬가지로 다른 사람도 모두 귀하고 소중하다."

다양하면 즐겁고
신나는 일이 많아

섞으면 더 맛있어

로제 떡볶이, 불고기피자, 돈가스 김밥을 먹어본 적이 있나요? 많은 어린이가 좋아하는 음식이지요. 이 음식들의 공통점이 무엇일까요? 그건 바로 서로 다른 나라의 맛이 섞이며 더 맛있게 새로 태어났다는 점이에요.

이탈리아의 피자는 특별하고 맛있어서 전 세계로 퍼져나갔어요. 그런데 각 지역 사람들은 피자를 본래 이탈리아 방식으로만 만들어 먹지 않았어요. 자신의 나라에서 나는 재료를 섞거나 새로운 방식으로 만들어 먹기 시작했어요. 본래 이탈리아 피자에는 없던 방법으로, 토핑과 치즈를 두툼하게 가득 넣은 시카고피자, 파인애플을 올려서 먹는 하와이안피자가 그렇죠. 우리나라에서는 한국인이 자랑하는 달콤짭짤한 불고기를 피자 위에 올려서 먹기도 해요. 이렇게 먹어도 맛있는 피자가 되기 때문이죠.

돈가스는 일본을 통해 한국에 전해졌어요. 일본식 돈가스는 고기가 두툼하지만 한국인의 입맛에 맞게 바뀌면서 일본식 돈가스보다 얇고 넓은 한국식 왕돈가스가 만들어졌지요. 바삭하고 맛있는 돈가스를 김밥에 넣은 '돈가스 김밥'도 있어요. 로제 떡볶이도 마찬가지예요. 본래 떡볶이는 고추장으로 만들지만, 로제 떡볶이는 거기에 크림을 더해서 매콤하면서도 부드럽고 고소한 맛이 일품이에요.

케첩은 어디에서 시작되었을까요? 케첩은 본래 중국에서 시작되었어요. 중국어 사투리인 민난어인 께찌압(k-chiap)에서 왔지요. 물론 지금의 케첩과는 맛이 조금 달랐지만요. 미국에서 일하는 중국 이주노동자들이 먹는 소스를 보고, 미국인의

입맛에 맞게 조금 바꾼 것이 지금의 토마토케첩이 되었어요.

본래 다른 나라의 음식이었지만, 우리나라에서 즐겨 먹는 음식도 있어요. 인도에서 온 카레, 중국에서 온 마라탕, 베트남에서 온 쌀국수, 멀리 북유럽에서 온 연어처럼 말이지요. 물론 본래 나라의 음식 맛에서 우리가 즐겨 먹을 수 있도록 조금씩 바뀌기도 했어요.

이렇게 각 나라의 고유한 음식이 전 세계로 퍼지며, 서로 섞이고 어우러지고 있어요. 섞여서 더 맛있고 기존에 없던 새로운 맛이 만들어지기도 해요. 이제 우리도 새로운 맛을 개발해 볼까요?

수박, 복숭아, 고구마는 어디서 왔을까?

우리가 즐겨 먹는 음식과 과일이 어디에서 왔는지 알고 있나요? 본래 우리 땅에서 나고 자란 것은 많지 않아요. 고구마와 감자는 남아메리카의 페루가 고향이에요. 고구마는 남아메리카에서 유럽으로 전해졌다가 포르투갈 사람들에 의해 필리핀에 전해졌고, 이후 일본을 거쳐 1760년쯤 우리나라로 왔어요. 우리나라의 전통음식인 김치에 들어가는 고추도 남아메리카에서 왔고요. 수박은 아프리카가 고향이고, 복숭아는 중국이 고향이에요.

  이 외에도 포도, 사과, 배 모두 아시아와 유럽 등 여러 곳에서 다른 곳을 거쳐 우리나라까지 왔어요. 물론 우리나라가 고향인 식재료도 있어요. 바로 콩이죠. 콩은 전 세계로 퍼져 나갔

어요. 이처럼 현재 우리가 사용하고 즐기는 식재료의 대부분이 아주 멀리에서 온 것이에요.

　사람들은 누가 어디에서 왔는지, 누가 먼저 왔는지를 따지기도 해요. 하지만 어디에서 왔는지, 언제 왔는지는 중요하지 않아요. 서로 다른 곳에서 온 것이 어우러지며, 새로운 맛과 문화를 만들어 내니까요.

여러 문화와 음식 등이 서로 섞이면 더 멋있고 맛있어지듯, 사람도 마찬가지예요. 서로 다른 사람이 만나 함께하면, 서로에게 좋은 영향을 주고받게 돼요. 경험과 생각을 나누면 혼자서 하는 것보다 훨씬 더 재미있고 대단한 일들도 할 수 있지요.

서로 다른 사람이 많아야 더 잘할 수 있어

예전에는 '아이큐(IQ)'라는 지능검사가 있었어요. 사람들은 아이큐가 높은 사람이 똑똑하고 일도 잘하며, 더 뛰어나다고 생각했죠. 하지만 이제 아이큐만으로 사람을 판단하는 것이 올바르지 않다는 것을 알게 되었어요.

아이큐보다는 얼마나 다양한 경험을 했는지가 훨씬 중요해요. 경험이 많으면 어떤 일을 할 때 더 큰 상상력과 창의력을 발휘할 수 있어요. 그리고 다양한 경험은 무엇보다 다른 사람의 생각을 더 잘 이해하고 좋은 관계를 맺을 수 있게 도와줘요. 서로가 얼마나 다정하게 관계를 맺을 수 있는지가 함께 일하고 생활하는 데 꼭 필요하거든요.

회사에는 더 다양한 사람이 많을수록, 일도 잘 되고 좋은 결과가 나오지요. 왜냐하면 똑같이 생각하는 사람만 모여 있다면, 그 회사는 매일 똑같은 방식으로 일하게 되므로 발전이 없을 거예요. 서로 모여 대화를 하거나 무언가를 의논할 필요도 없겠죠. 아무리 오랫동안 회의한다고 해도, 다른 아이디어가 나올 수 없을 테니까요.

세상은 새롭게 변화하고 있어요. 사람들이 행복하게 살기 위해 필요한 것도 시대에 따라 달라지지요. 다양한 경험과 생각을 가진 사람들이 서로 존중하며 의견을 나누다 보면, 보다 창의적인 생각을 할 수 있어요. 세상을 깜짝 놀라게 하는 발명품도 다양한 생각이 비빔밥처럼 조화롭게 섞일 때 생겨날 수 있거든요.

그래서 요즘 세계적인 기업들은 '다양성 보고서'를 만들어 발표해요. 이것은 기업 안에 얼마나 다양한 사람이 함께 일하고 있는지 그리고 얼마나 다양한 사람을 위한 제품을 만드는지를 보여 주는 보고서예요. 기업들은 이런 보고서를 통해 다양한 사람이 함께 일하는 회사가 되고자 노력하는 것이지요. 한 회사의 다양성 보고서에는 이런 글이 적혀 있어요.

'우리는 같지 않다. 그것이 우리의 최고 강점이다.'

① 오늘 먹은 음식의 재료들은 본래 어디서 온 것인지 알아보세요.

② 내가 남과 다른 점은 어떤 것일까요? 나만의 특별함을 찾아보세요.

③ 다른 나라에는 어떤 식사 예절이 있는지 알아보세요.

④ 친구들과 서로 생각이 다른 경우에, 서로를 이해하기 위해 무엇을 해야 할까요?

⑤ 괄호 안에 들어갈 말은 '다르다'와 '틀리다' 중 어느 것일까요?
- 너는 자장면을 좋아하고, 나는 돈가스를 좋아하니까 우리는 서로 좋아하는 음식이 (   ).
- 미국과 우리나라는 인사법이 (   ).
- 너랑 나는 키도 몸무게도 얼굴도 (   ).

3
차별을 넘어서 친구로

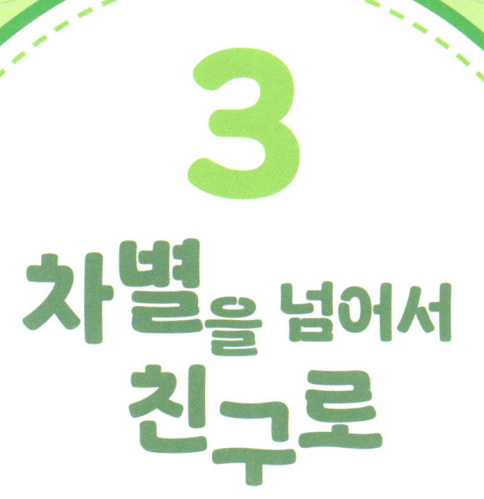

장난이라고?
아니야, 차별이야

여자라는 이유로

다르다는 건 당연하고 특별한 거예요. 그런데도 어떤 사람들은 다르다는 이유만으로 괴롭힘을 당하기도 해요. '차별'이란 올바르지 않은 이유로 어떤 사람을 다르게 대우하는 것을 말해요.

사람이라면 누구나 똑같은 권리를 가지고 있어요. 이것이 '인권'이지요. 하지만 우리나라뿐만 아니라 세계 여러 나라에서도 그동안 많은 차별이 있었고, 예전보다 나아지긴 했지만 지금도 계속되고 있어요.

　그렇다면 어떤 것이 차별일까요? 예를 들어 볼게요. 오래전에는 여자아이들은 학교에 다니지 못했어요. 이유는 딱 하나. 남자가 아닌 여자이기 때문이었어요. 당시의 사람들은 남자는 특별하고 여자는 하찮기 때문에 굳이 공부할 필요가 없다고 생각했어요. 그 후로 오랫동안 많은 사람들의 노력으로 드디어 여자도 학교에 다닐 수 있게 되었어요. 그런데 그렇게 되고도 한참 동안은 학급 반장이나 학생 회장은 무조건 남자만 할 수 있었어요. 지금으로서는 상상할 수도 없는 일이죠?

　또 대통령이나 국회의원을 뽑는 선거에서 남자만 투표할 수 있는 나라도 많았어요. 스위스에서는 1971년이 되어서야 여성이 투표할 수 있었지요. 이렇게 성별을 이유로 차별을 하는 경우를 '성차별'이라고 해요. 정말 어처구니없는 차별이지만, 아직도 사회에서는 종종 이런 차별이 일어나요.

"여자가 말이야, 왜 이렇게 운동을 잘해?"

"무슨 남자가 그렇게 잘 울어?"

"저렇게 운전하는 걸 보니 여자가 분명해."

이런 말을 들어 본 적 있나요? 모두 성차별이에요. 이러한 차별의 말은 하지도 말고, 가만히 듣고 있지도 않아야 해요. 차별의 말을 하는 사람에게는 예의 있지만 단호하게 말해야 해요.

"그건 차별의 말이에요. 그렇게 말하면 안 돼요!"

피부색이 다르다는 이유로

차별은 성차별만 있는 건 아니에요. 매우 많은 차별이 있어요. 그중 대표적인 것은 사람을 피부색으로 구분해 차별하는 거예요. 이것을 '인종차별'이라고 해요. 인종차별은 사람을 백인, 흑인, 황인으로 나누고 흑인과 황인을 차별했어요. 흑인이나 황인을 노예로 부리기도 했고요. 흑인이라는 이유로 학교에 가지 못하고 재산도 가질 수도 없었지요. 때로는 동양인이라는 이유로, 인도인이라는 이유로, 중국인이라는 이유로 괴롭힘을 당했어요.

같은 백인끼리도 다시 구분해서 아일랜드인이나 유대인이라는 이유로 권리를 빼앗기고 차별받았지요. 사람이 태어날 때부

터 서로 다른 권리를 가진다는 것은 매우 잘못된 생각이에요.

　잘못된 차별을 없애기 위해 우리는 정말 오랫동안 노력했어요. 이제는 사람을 피부색으로 나누고 차별하는 것이 얼마나 부끄러운 일인지 알고 있지요. 인종차별은 법으로 엄격하게 금지되어 있어요. 지금은 인종차별이 많이 사라지기는 했지만 여전히 차별하는 마음을 가진 사람들이 있어요.

아직도 사라지지 않은 인종차별

　얼마 전 영국의 축구 리그에서 활약하고 있는 우리나라의 손흥민 선수가 인종차별을 당했다는 소식이 있었어요. 어떤 관중이 손흥민 선수를 바라보며 자신의 눈을 좌우로 늘려 눈 찢기를 한 거예요. 이것은 동양인이 서양인보다 눈이 작다는 것을 놀리고 비웃는 차별적인 행동이지요. 그 사람은 또 다른 선수에게는 원숭이 흉내를 내기도 했어요. 누군가를 이렇게 놀리는 건 매우 잘못된 행동이에요. ==장난이나 실수가 아니라 아주 심각한 범죄예요.== 실제로 손흥민 선수를 놀린 관중은 차별금지법을 어겼기 때문에 경기장 출입을 금지당하는 처벌을 받았지요.

그렇다면 원숭이 흉내를 내는 것은 왜 잘못일까요? 사람을 향해 원숭이 흉내를 내는 것은, 그 사람을 동물에 빗대어 웃음거리로 만드는 일이에요. 예전 백인들은 흑인이나 아시아계 사람들이 자신들보다 똑똑하지 않고 미개하다고 놀리고 조롱하며, 원숭이 같은 동물에 비교하곤 했지요. 흑인이나 아시아계 사람들에게 이런 행동을 하는 것은, 옳지 않은 행동인 것은 물론, 오랫동안 받아왔던 고통을 떠올리게 만들 수 있어요.

사람을 동물로 비하하는 행동은 보는 사람을 매우 화나게 만들고 하나도 재미있지 않아요. 그저 장난이었다고 변명할 수 있는 것도 아니에요. 매우 심각한 차별이지요. 그런데도 아직 이렇게 잘못된 행동을 하는 사람들이 있다는 건 매우 답답한 일이에요.

왜 오해가 생기는 걸까?

서로를 미워하게 만들고 이익을 챙기는 사람들

살고 있는 곳에 낯선 사람들이 들어오면 불안할 수 있어요. 사람은 새로운 것에 호기심을 가지기도 하지만 잘 모를 때는 두려움도 같이 느끼기 때문이에요.

그런데 이런 두려운 마음을 이용하는 사람들이 있어요. 그들은 사람들 간에 오해가 생기게 만들고 힘이 없고 약한 사람들이 차별당하는 것은 당연하다고 생각하게 만들어요. 그들은 거짓 소문을 퍼트리며 서로를 미워하게 만들어요. 그래서 사람들이 뿔뿔이 흩어지면 자신이 권력을 가지고 이득을 얻으려고 하는 거지요. ==사람들에게 서로 미워하는 마음이 쌓이면, 다툼이 늘어나고 함께 사는 것이 행복하지 않아요.==

예전 독일에는 '나치'라고 불리던 사람들이 있었어요. 이들에게는 '히틀러'라는 독재자가 있었지요. 나치는 독일에 다른 민족의 피가 섞이지 않은, 순수한 독일 게르만족만 살아야 한다고 주장하면서 함께 살고 있는 유대인을 미워하도록 만들었어요. 유대인이 거짓말을 잘하고, 남의 것을 빼앗고 교활해서 같이 살 수 없다는 거였지요. 이런 가짜 소문이 점점 더 힘을 가지게 되면서 독일 사람들은 그 말을 믿었어요. 유대인을 보면 피했고, 신고하거나 미워했어요.

독일 사람들의 든든한 지지를 받던 나치는 결국 전쟁을 일으켰어요. 전쟁으로 많은 사람들이 고통을 받았지요. 전 세계가 전쟁의 소용돌이에 빠져들었어요. 이것이 제2차 세계대전이에요.

나치는 제2차 세계대전 중에 아주 큰 수용시설을 만들어, 유대인을 잡아 가두고 죽였어요. 이때 끔찍하게 학살당한 유대인이 600만 명이나 되었어요. 이것을 '대학살'이라는 뜻의 '홀로코스트'라고 불러요. 인간이 만들어 낸 가장 끔찍한 비극이었어요.

가짜 뉴스를 조심해

2024년 7월, 영국에서는 끔찍한 일이 일어났어요. 아이들이 춤을 배우는 댄스 교실에 괴한이 침입해 아이들을 공격했고, 3명

이 목숨을 잃었지요.

　그런데 이런 공격을 한 사람이 무슬림(이슬람교를 믿는 사람) 난민이라는 소문이 퍼졌어요. 사람들은 너무 화가 나서, 무슬림이 기도하는 모스크(무슬림이 모여서 기도하는 곳)를 공격하고 난민을 돕는 사람들까지 공격했어요. 하지만 소문은 모두 사실이 아니었어요. 가짜 뉴스에 속아, 서로 미워하고 공격하게 된 거죠.

　우리는 종종 잘못된 정보를 믿곤 해요. 잘못된 정보 때문에

미움과 오해가 쌓이고 서로를 의심하거나 공격하기도 하지요. 이렇게 서로를 오해하게 만드는 가짜 뉴스는 정말 많아요. 역사도 오래되었고요.

14세기 유럽에서는 흑사병이라는 아주 무서운 전염병이 퍼졌어요. 최소 수천만 명이나 되는 사람들이 흑사병으로 목숨을 잃었지요. 사람들은 너무 무서웠지만, 당시로서는 그 병의 원인을 알 수 없었어요. 공포에 떨던 사람들은 평소에 자신들이 무시하고 차별하던 사람들이 병을 퍼뜨리는 거라고 가짜 소문을 만들어 냈어요. 소문은 곳곳에 퍼졌고 결국 병을 퍼뜨렸다고 지목된 사람들은 잡혀가 고문을 받거나 감옥에서 죽임을 당했어요. 매우 잘못된 방식으로 원인을 알 수 없는 공포에서 벗어나려고 한 거지요.

==가짜 뉴스는 지금도 만들어지고 있어요. 주로 힘이 약한 사람들을 향해서 말이죠.== 왜냐하면 힘이 약한 사람들은 자신이 그런 일을 하지 않았다고 말해도 제대로 믿어 주는 사람들이 없기 때문이지요.

불행하게도 우리나라에서 함께 살고 있는 이주민에 대해서

도 가짜 뉴스가 정말 많아요. 그중 하나가 세금에 관련된 거예요. 우리나라에 살고 있는 사람들은 모두 세금을 내고 있어요. 그런데 이주민은 세금을 내지 않거나 적게 내고 혜택만 받아 간다는 가짜 소문이 있어요. 어떤 사람들은 그걸 그대로 믿고 이주민들을 좋지 않은 눈으로 보기도 해요.

하지만 이건 사실이 아니에요. 우리는 서로를 미워하게 만드는 가짜 뉴스에 빠지지 않도록 조심해야 해요. 그러기 위해서는 소문이 진실인지 아닌지 꼭 확인해 보는 과정이 필요해요.

피부색으로는 알 수 없어

피부색이나 외모는 부모님으로부터 받은 유전자로 결정돼요. 우리는 모두 피부색과 외모가 달라요. 가족끼리도 조금씩 다르지요. 피부색이 다르게 보이는 것은 피부에 있는 멜라닌이라는 색소 때문이에요. 멜라닌은 햇빛에 있는 자외선으로부터 우리 몸을 보호해요. 자외선은 도움도 주지만 너무 강한 자외선을 쐬게 되면 피부가 상하거나 암에 걸릴 수도 있거든요. 그래서 여름에는 선크림을 바르고 밖에 나가야 해요.

==유전자에 따라, 멜라닌이 많은 사람과 적은 사람이 있어요. 멜라닌이 많은 사람은 피부가 조금 더 검게 보이고, 적은 사람은 더 하얗게 보이죠.== 사는 곳에 따라서도 달라요. 햇볕을 많이 쏘이는 곳에 살면 피부색이 진하고, 햇볕이 약한 곳에서 사는 사람은 피부색이 흰 편이에요.

그런데 피부색을 보고 그 사람이 어떨 것이라고 미리 판단해 버리는 경우가 있어요. 심지어 피부색과 생김새에 따라 사람을 차별하기도 하지요. 만약 누군가가 여러분을 보자마자, 키가 작으니 운동을 못할 거라고 말하거나 피부가 까무잡잡하다고 머리가 나쁠 거라고 단정해 버리면 기분이 어떨까요? 피부색이 조금 더 어둡거나 밝다는 것은 그 사람의 성격이 어떤지, 어디서 태어났는지, 어느 나라 사람인지, 공부를 많이 하거나 적게 했는지 그 어떤 것도 알려 주지 않아요. 그러니까 피부색이나 외모만을 보고 사람을 판단해서는 안 돼요. 그 사람과 직접 대화를 해보고 알아가며 판단해야 하는 거죠.

한쪽으로 치우친 생각은 왜 위험할까?

어쩌면 우리도 어떤 나라 사람이나, 특정 지역에 대해 잘못된 생각을 가지고 있을 수 있어요. 미디어를 통해 잘못된 정보를 받아들였기 때문이지요. 우리가 자주 보는 애니메이션, 영화, 드라마, 뉴스에도 잘못된 생각을 심어 주는 내용이 담겨 있을 때가 있어요.

예를 들면 우리나라 영화나 드라마에는 중국에서 온 동포들이 잔인한 범죄를 저지르는 악당으로 등장하는 경우가 많아요. 또 주인공은 늘 백인 남성이고, 흑인과 동양인은 주로 악당이거나 범죄의 피해자, 힘없고 불쌍한 사람으로만 등장하기도 하지요. 또 우스꽝스러운 역할만 맡거나, 아니면 아예 등장하지 못하기도 해요. 우리가 많이 보았던 백설공주나 인어공주의 역할은 늘 백인이 맡았어요. 그래서 흑인 인어공주 영화가 개봉했을 때는 매우 낯설어하고 못마땅하게 여기는 사람도 있었지요.

또 아프리카가 배경인 영화는 초원의 야생동물이나 힘들고 가난한 사람들의 이야기가 많아요. 아프리카 대륙에도 발전된 도시들이 많은데 말이죠. 유럽의 나라가 등장할 때와는 매우

달라요. 그래서 아프리카에는 도시가 없고 가난하고 힘든 사람만 사는 곳이라고 생각할 수 있어요.

그렇기에 영화나 뉴스, 동영상, 책 등을 볼 때는 한쪽에 치우침이 없는지 살펴야 해요. 무조건 보여 주는 대로 받아들이다 보면 자신도 모르게 편견을 가질 수 있거든요. 그리고 이런 과정이 반복되면 그 생각이 잘못되었다는 것조차 모르게 되어 버려요.

함께 노력하고 서로 배려해요

살색과 살구색

여러분의 피부는 어떤 색깔인가요? 가족과 피부색을 비교해 보세요. 비슷할 수는 있지만, 똑같지는 않아요. 과거에 우리나라에는 '살색'이라는 색깔 이름이 있었어요.

그래서 크레파스나 색연필로 그림을 그릴 때 사람의 얼굴은 모두 살색으로 칠했지요. 사람마다 다른 피부색을 가지고 있는데 살색이라는 색깔이 정해져 있다면, 다른 피부색을 가진 사람은 어떻게 되는 걸까요? 살색이라고 정해져 있기 때문에 피

부색이 다른 사람은 정상이 아니라 비정상인 것처럼 느껴져요. 아마도 당시에 흑인이나 동남아시아의 피부색이 짙은 사람들이 우리나라 크레파스의 살색을 봤다면 무척이나 마음이 아팠을 거예요.

이렇게 '살색 크레파스'가 차별이 될 수 있다는 것을 깨달은 사람들은 뜻을 모아 크레파스나 색연필에서 살색이라는 차별적인 표현을 없애달라고 요구했어요. 2002년 국가인권위원회는 이 요구를 받아들여, 살색이라는 표현이 특정한 사람에게만 해당되는 말이므로 바꾸라고 정부에 말했어요. 그래서 지금은 연주황이나 살구색이라고 해요. 국가인권위원회는 우리나라에서 모든 사람의 인권이 잘 지켜질 수 있도록 여러 가지 노력을 하는 기관이에요.

힘을 모으면 차별을 몰아낼 수 있어

2019년 서울시의 어느 지역에서는 우리나라 국적을 가진 학생들만 교복을 지원받을 수 있는 조례가 생겼어요. 조례는 그

여러분의 피부색을 골라 보세요

'크래욜라'라는 문구 회사에는 재미있는 크레용이 있어요. 다양한 사람들의 피부색을 표현할 수 있는 24가지 색깔의 크레용이지요. 아쉽게도 우리나라에서는 팔지 않지만, 다양성을 존중하고 표현하는 좋은 크레용이에요.

이 중에서 여러분의 피부색을 표현할 수 있는 가장 닮은 색은 무엇인가요?

크래욜라에서 판매하는 다양한 피부색 크레용

지역의 의회가 정한 규칙이에요. 4년에 한 번 지역 주민의 투표로 뽑힌 지역 의회 의원들이 투표로 정하지요.

결국 그 조례에 따라, 같이 공부하고 놀던 친구들이 중학교나 고등학교에 입학하면서 누구는 교복을 지원받았지만, 누구는 지원받지 못한 차별이 생기고 말았어요. 평소에 외국인이나 장애인이나 차별 없이 지내야 한다고 가르쳤던 선생님도 당황스럽기는 마찬가지였지요. 선생님들은 지역의 어른들과 모임을 만들고 같은 생각을 하는 많은 사람들의 서명을 받기 시작했어요. 그래서 다음 해인 2020년부터는 모든 학생이 차별 없이 교복 지원을 받을 수 있게 되었어요.

비슷한 일이 코로나19가 한창이던 때도 있었어요. 아이들이 코로나 때문에 학교에 가지 않고 원격 수업을 하면서 교육부에서는 온라인 환경에서 아이들이 공부할 수 있도록 돕기 위해서 필요한 지원금을 주기로 했어요. 하지만 교육부는 선생님들에게 교실에서 지원금을 받을 한국 국적의 아이와 그렇지 않은 아이를 구분하라고 했어요. 당황한 선생님들은 그 지역 주민과 뜻을 모아 모든 아이가 똑같이 지원받을 수 있도록 해달라고 요청했지요. 결국 교육청에서는 고민 끝에 차별 없이 지원금을 주기로 결정했어요.

   이처럼 어떤 차별이 있을 때마다, 많은 사람이 함께 힘을 모으면 차별을 없앨 수 있어요. 혼자서는 어렵지만, 여러 명이 힘을 모으면 가능해요.

다정한 마음으로 환대해

우리에게는 서로를 향한 '환대'의 마음이 필요해요. 환대란 반갑게 맞이하고 정성껏 대접한다는 뜻이에요. 우리가 조금만

더 환대하고 서로에게 다정해질 수 있다면, 함께 평화롭게 살 수 있어요.

아마 누구나 친구와 다툰 경험이 있을 거예요. 친구들과 사이좋게 지내다가도 가끔 오해가 생기거나 섭섭한 마음이 생길 수 있어요. 마찬가지로 다른 문화를 가진 사람들이 함께 사는 다문화사회라고 해서 항상 좋은 일만 있지는 않아요. 사람마다 다른 생각과 문화가 있다면, 서로 이해하지 못해 갈등이나 다툼이 있을 수도 있지요. 그래서 우리에게는 열린 마음과 태도가 필요해요. 어떤 것이 열린 마음과 태도일까요?

첫째, 낯선 곳에 온 친구에게 먼저 다가설 수 있는 용기 있는 마음이에요. 입장을 바꿔 생각해 보면 쉽게 이해할 수 있어요. 우리가 만약 아는 사람이 없는 완전히 새로운 장소에 간다면 어떤 기분이 들까요?

우리나라에 처음 온 이주민에게 한국에 왔을 때의 기분을 물으면, 기쁘고 신기하기도 하지만 낯설고 두려웠다고 해요. 그러니 이때 먼저 다가가서 말을 걸어주면 무척 반갑고 고맙겠지요. 용기 내어 먼저 한발 다가가 주세요.

둘째, 서로의 어려움을 살피는 다정한 마음이에요. 서로에게 도움을 주고 아껴주세요. 말하기 어려운 힘든 상황이 누구에게나 있을 수 있어요. 이럴 때 필요한 것이 다정함이에요. 찬찬히 따뜻한 마음으로 살피면 그 친구에게 필요한 것이 무엇인지, 어떤 것이 힘든지 보일 거예요. 친구에게 필요한 것이 보이면 먼저 배려하고 챙겨주세요. 여러분이 돕기 어려운 것은 선생님이나 부모님, 믿을 만한 어른과 상의하면 돼요. 여러분이 가진 다정함을 새로운 친구들에게 보여주세요.

　셋째, 미움을 불러오는 가짜 뉴스가 있는지 살펴보는 부지런한 마음이에요. 아주 친한 사이라도 오해가 생길 수 있어요. 서로의 마음은 그렇지 않은데, 잘못된 정보가 사이를 갈라놓기도 하니까요. 그러니 들었거나 보았던 뉴스가 정확한지 먼저 살펴보면 좋겠어요. 사람들이 다 맞다고 해도 정말 맞는지 직접 찾아보는 거예요. 그렇게 하면 친구와 더 돈독해지고, 새로운 다른 세상도 만날 수 있어요.

　2019년 미국 정부는 너무 많은 사람이 허락 없이 미국으로 들어온다며, 미국과 멕시코 사이의 국경에 커다란 장벽을 설치

미국과 멕시코 국경 사이에 설치된 핑크색 시소

했어요. 그러자 한 건축가가 국경을 가로지르는 시소를 설치했어요. 시소를 이용해 우리는 모두 똑같고, 함께 공존할 수 있다는 것을 보여 주고 싶었다고 해요. 양쪽 국가의 아이들은 국경 너머의 친구들과 시소를 함께 타며 놀았어요.

어른들이 장벽을 세우고 만들었지만, 아이들은 장벽과 상관없이 친구가 될 수 있다는 것을 보여 준 거예요. 이 광경은 많은 사람에게 큰 희망과 용기를 주었어요.

여러분은 친구를 사귈 때 어떤 조건이 있나요? 혹시 그 조건 중에 친구가 어디서 태어났는지, 어떤 피부색을 가졌는지를 따지나요? 그렇지 않을 거예요. 어디에서 태어났는지, 어떤 피부색을 가졌는지는, 그 사람에 대해 어떤 것도 알려 주지 않아요. ==우리에게 중요한 건 서로의 다름을 존중하고 다정한 마음과 태도를 가지는 거예요.== 다정한 태도와 다양성 속에서 모두 평화롭고 행복하게 함께 살 수 있었으면 좋겠어요.

함께 생각해 봐요!

① 주변에서 보았던 차별은 어떤 것이 있었는지 생각해 보세요.

② 다양한 문화를 가진 친구들과 더 즐겁고 행복하게 지내기 위한 재미있는 방법은 어떤 것이 있을까요?

③ 교실 안에서 누군가 계속 차별받고 있다면 어떻게 해야 할까요?

④ 차별하는 사람이 아무런 벌을 받지 않고, 오히려 차별하는 사람에게 동의하는 사람이 많다면 우리 사회는 어떻게 달라질까요?

⑤ 교실에서 어떤 일에 대해 잘못된 소문이 돌고 있다면 어떻게 해야 할까요?

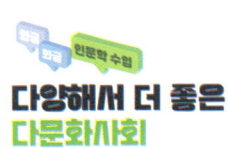

초판 1쇄 발행 2025년 6월 5일

| 지은이 | 이완 |
| 그린이 | 전지은 |

펴낸이 이혜경
펴낸곳 니케북스
출판등록 2014. 4. 7 | 제 300-2014-102호
주소 서울시 종로구 새문안로 92 광화문 오피시아 1717호
전화 (02)735-9515 | 팩스 (02)6499-9518
전자우편 nikebooks@naver.com
블로그 blog.naver.com/nikebooks
페이스북 www.facebook.com/nikebooks
인스타그램 (니케북스)@nike_books (니케주니어)@nikebooks_junior

ISBN 979-11-94809-03-6
　　　979-11-94809-01-2(세트)

니케주니어는 니케북스의 아동·청소년 브랜드입니다.

책값은 뒤표지에 있습니다.
잘못된 책은 구입한 서점에서 바꿔 드립니다.